화학
원소
아파트

일러두기
· 화학 원소 이름과 기호는 2022년 개정 과학 교과서를 따랐습니다.
· 《화학 원소 아파트》의 독후 활동지는 미래엔 아이세움 네이버 카페 (cafe.naver.com/iseum)에서 다운로드하실 수 있습니다.

화학 원소 아파트

이영란 글 | 우지현 그림

별별 원소들이 들려주는
신기한 화학 이야기

화학이라고 하면 사람들은 어렵고 복잡한 화학식을 먼저 떠올리고 지루해하지요. 또 실험실에서 연구에 몰두하는 과학자들의 일이라며 아예 관심을 가지지 않아요.

하지만 우리 생활 곳곳에 화학이 숨어 있다는 사실을 알고 있나요? 우리가 사는 세상은 온통 화학으로 이루어져 있어요. 화학은 우리에게 많은 영향을 주고 있지요.

인류가 처음 불을 사용하기 시작한 후로 돌과 바위에서 구리, 철, 금, 은 등을 가려내 생활에 사용해 왔어요. 질소로 비료를 만들어 놀라운 농업 발전을 이룰 수 있었지요. 또한 철로 산업을 크게 발전시켜 삶의 수준을 높였어요.

이것뿐이 아니에요. 석유를 화학적으로 깨끗하게 걸러 내 다양한 물질을 나누고, 이 물질로 합성 섬유를 만들어 멋진 옷을 만들어요. 플라스틱이나 약도 석유에서 나온 화학 물질을 재료로 만들어요.

어때요? 우리가 잘 몰랐던 화학이라는 분야가 꽤 흥미롭지 않나요? 화학은 물리, 생명 과학, 지구 과학, 전자 공학 등 여러 학문을 공부하는 데 바탕이 되기 때문에 화학을 알면 다른 분야도 훨씬 재미있게 배울 수 있어요.

또 우리가 사는 세상을 더욱 깊이 이해할 수 있어요. 세상 만물이 어떻게 만들어지고 무엇으로 이루어졌는지 알 수 있지요. 당장 우리가 매일 사용하는 교과서부터 손을 씻는 데 사용하는 비누, 머리 감을 때 필요한 샴푸와 린스, 예쁘게 꾸며 주는 금반지와 다이아몬드 목걸이, 알람 시계를 움직이는 건전지, 몸이 아플 때 먹는 약, 피부 건강을 위해 바르는 화상품까지 세상을 이루는 많은 것이 화학을 통해 만들어졌어요.

  화학을 배워야 하는 또 다른 중요한 이유는 아름답고 살기 좋은 세상을 만들기 위해서예요. 사람들은 자연을 훼손하면서 자신의 이익만을 생각했어요. 그 결과로 숲은 사라지고 동물들은 살 곳을 잃었어요. 하늘과 바다는 오염 물질로 뒤덮였지요. 자연이 병들면 동식물뿐 아니라 사람도 살 수 없게 될 거예요. 자연을 되살리고 보호하려면 화학의 도움이 필요해요.

  화학을 제대로 알기 위해서는 먼저 화학 원소를 배워야 해요. 화학 원소는 화학 물질을 이루는 가장 기본적인 요소지요. 지금까지 모두 118개의 원소가 알려졌는데 그중 94개는 자연에서 발견되고, 나머지는 과학자들이 실험실에서 만들었어요.

이제부터 우리는 화학 원소들 가운데 꼭 알아야 하는 24개의 원소들을 만날 거예요. 이 원소들이 어떤 특징이 있고 일상생활에서 어떻게 쓰이고 있는지 화학 원소들이 사는 아파트로 함께 떠나 보아요.

화학 원소 아파트에는 24가구 원소들이 옹기종기 모여 살아요.
늘 콧노래를 부르며 즐거워하는 수소 아가씨,
딱따구리 흉내를 내어 사람들을 즐겁게 해 주는 헬륨 씨,
단단하고 반짝이는 다이아몬드로 사람들의 사랑을
한 몸에 받는 탄소 가족,
농작물이 쑥쑥 자라게 힘을 쓰는 질소 아저씨,
석탄과 석유보다 더 강력한 에너지를 만들어 내는 우라늄 씨…….
매일 부지런히 일하며 아랫마을 사람들을 돕는 화학 원소 친구들이
여러분에게 들려주고 싶은 이야기가 있다고 해요.
우리 함께 화학 원소 친구들을 만나러 가 볼까요?

차례

화학 원소 주기율표	12
1호 **수소** H	14
2호 **헬륨** He	19
6호 **탄소** C	24
7호 **질소** N	29
8호 **산소** O	34
9호 **플루오린** F	40
10호 **네온** Ne	45
11호 **나트륨** Na	48
12호 **마그네슘** Mg	53
13호 **알루미늄** Al	57
16호 **황** S	60
17호 **염소** Cl	65

18호	**아르곤** Ar	**70**
19호	**칼륨** K	**75**
20호	**칼슘** Ca	**80**
26호	**철** Fe	**86**
29호	**구리** Cu	**91**
30호	**아연** Zn	**95**
47호	**은** Ag	**99**
74호	**텅스텐** W	**104**
79호	**금** Au	**107**
80호	**수은** Hg	**112**
82호	**납** Pb	**117**
92호	**우라늄** U	**122**

화학 원소 주기율표

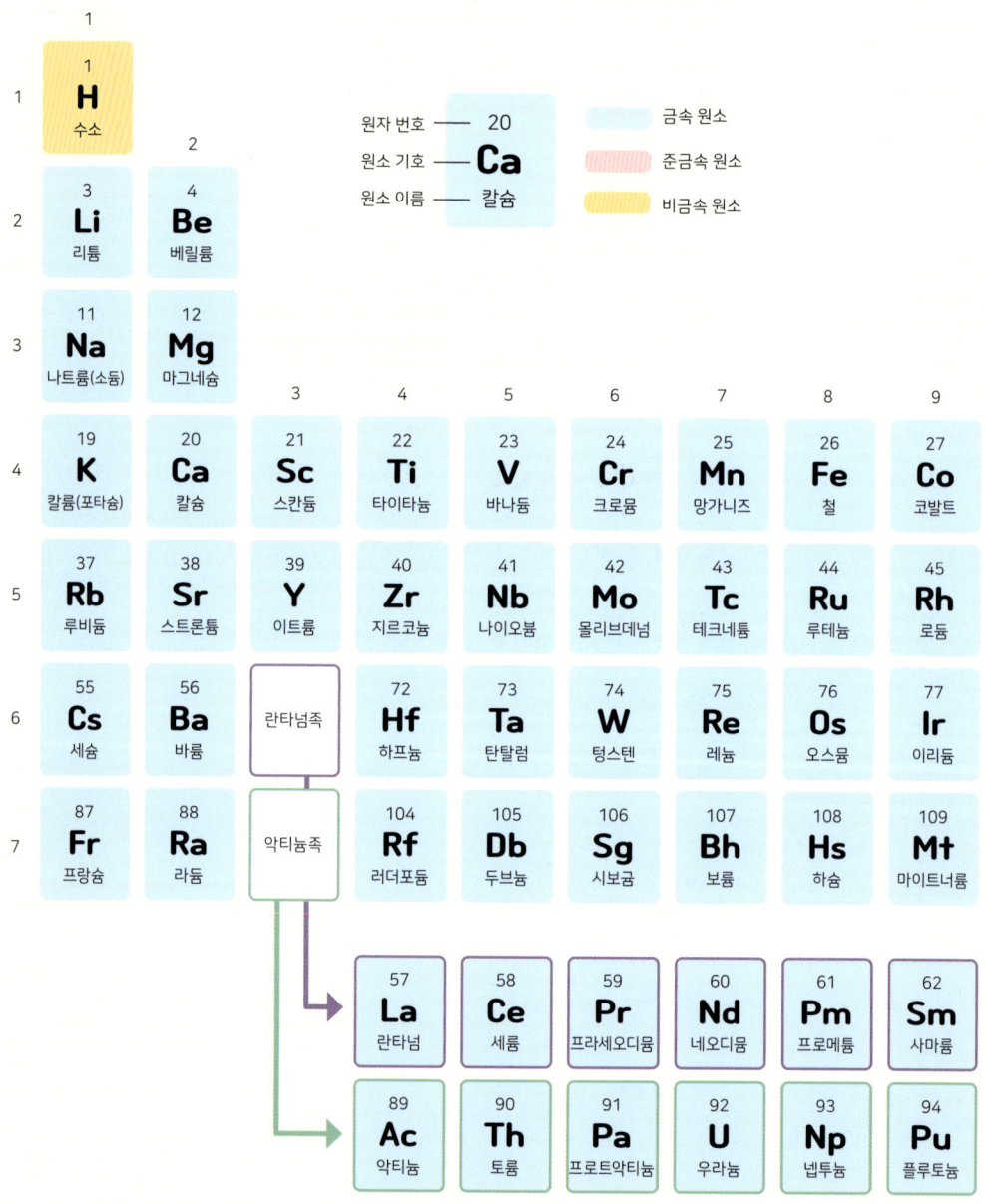

			13	14	15	16	17	18
								2 **He** 헬륨
			5 **B** 붕소	6 **C** 탄소	7 **N** 질소	8 **O** 산소	9 **F** 플루오린	10 **Ne** 네온
			13 **Al** 알루미늄	14 **Si** 규소	15 **P** 인	16 **S** 황	17 **Cl** 염소	18 **Ar** 아르곤
10	11	12						
28 **Ni** 니켈	29 **Cu** 구리	30 **Zn** 아연	31 **Ga** 갈륨	32 **Ge** 저마늄	33 **As** 비소	34 **Se** 셀레늄	35 **Br** 브로민	36 **Kr** 크립톤
46 **Pd** 팔라듐	47 **Ag** 은	48 **Cd** 카드뮴	49 **In** 인듐	50 **Sn** 주석	51 **Sb** 안티모니	52 **Te** 텔루륨	53 **I** 아이오딘	54 **Xe** 제논
78 **Pt** 백금	79 **Au** 금	80 **Hg** 수은	81 **Tl** 탈륨	82 **Pb** 납	83 **Bi** 비스무트	84 **Po** 폴로늄	85 **At** 아스타틴	86 **Rn** 라돈
110 **Ds** 다름슈타튬	111 **Rg** 뢴트게늄	112 **Cn** 코페르니슘	113 **Nh** 니호늄	114 **Fl** 플레로븀	115 **Mc** 모스코븀	116 **Lv** 리버모륨	117 **Ts** 테네신	118 **Og** 오가네손

63 **Eu** 유로퓸	64 **Gd** 가돌리늄	65 **Tb** 터븀	66 **Dy** 디스프로슘	67 **Ho** 홀뮴	68 **Er** 어븀	69 **Tm** 툴륨	70 **Yb** 이터븀	71 **Lu** 루테튬
95 **Am** 아메리슘	96 **Cm** 퀴륨	97 **Bk** 버클륨	98 **Cf** 캘리포늄	99 **Es** 아인슈타이늄	100 **Fm** 페르뮴	101 **Md** 멘델레븀	102 **No** 노벨륨	103 **Lr** 로렌슘

원소 아파트 1호
수소
H
Hydrogen

"아, 기분 좋아. 랄라라 라라랄라!"

날아갈 듯 사뿐사뿐 걸으며 콧노래를 부르는 건 원소 아파트 1호에 사는 수소 아가씨예요. 수소 아가씨는 언제나 기분이 좋아요. 먹구름이 끼어 날이 어두워도, 햇볕이 쨍쨍 내리쬐어도, 비바람이 불어도 언제나 콧노래를 부르지요.

수소 아가씨가 사는 집 안에 들어서면 어떠한 색도 찾아볼 수 없어요. 냄새도 나지 않아요. 마치 아무도 살지 않는 것 같아요. 늘 날아갈 듯 기분이 좋은 수소 아가씨는 몸이 아주 가벼워서 종종 집을 떠나 하늘에 둥둥 떠서 지내기도 하거든요.

원소 아파트의 터줏대감인 수소네 가족은 지구에 있는 원소 중 아홉 번째로 식구들이 많아요. 우주에 가장 많은 원소예요. 수소는 지구 전체 질량의 0.9퍼센트를 차지하고, 우주 전체에 존재하는 모든 물질 질량의 약 75퍼센트를 차지해요. 수소 식구들은 지구 말고도 여러 행성에 살고 있어요. 특히 토성을 좋아해서 그곳에 많이 살아요.

수소 씨는 아주 가벼워서 예전에는 비행선이나 기구를 띄우는 일을 했어요. 이웃 원소와도 아주 잘 지내서 다양한 화학 물질을 만들어 내기도 하지요. 또 7호에 사는 질소와 힘을 합쳐 암모니아를 만들어요. 이렇게 만들어진 암모니아는 농작물이 잘 자라도록 도와주는 비료를 만드는 데 쓰이지요.

식물성 기름을 마가린처럼 딱딱한 고체 기름으로 바꾸거나, 석유에서 액화 석유 가스(LPG)나 휘발유, 등유, 경유 등을 분리해 내는 등 매우 다양한 일을 해요.

얼마 전에 수소 가족에게 새 식구가 생겼어요. 첫째 삼촌이 8호에 사는 산소 아가씨와 결혼해서 아기를 낳았거든요. 아버지를 꼭 닮은 아들이에요.

아버지 수소(H)와 아들 수소(H), 어머니 산소(O)가 행복하게 웃을 때마다 맑은 물이 만들어져요. 첫째 삼촌 가족은 'H_2O' 가게를 열고 맑고 깨끗한 물을 팔아요. 아랫마을에 사는 사람들이 매일 맑은 물을 사 가요.

 **1호**   **우주에 가장 많은 원소인 수소**

수소는 우주에서 가장 많은 원소예요. 우주에 100개의 원소가 있다면 그중 75개가 수소이지요. 수소는 약 138억 년 전에 우주가 탄생할 때 생겨났어요. 지구 바닷물에 있는 수소, 우주 행성에 있는 수소 모두 그때 생겨난 거예요.

    수소네 둘째 삼촌도 산소 아가씨와 결혼해서 삼촌과 똑 닮은 딸을 낳았어요. 둘째 삼촌은 배를 타고 여행하는 걸 좋아해요. 아버지 수소(H)와 딸 수소(H), 그리고 어머니 산소(O)가 함께 '맑고 깨끗한 H_2O'라는 배를 타고 여행을 떠날 때마다 물이 만들어져요. 수소네 첫째, 둘째 삼촌 가족이 즐겁게 웃는 한 지구에 맑고 깨끗한 물이 사라지는 일은 없을 거예요.

원소 아파트 2호
헬륨
He
Helium

"으헤헤헤, 으헤헤헤헤헤, 으헤헤헤헤헤!"

원소 아파트 2호에 딱따구리가 사나 봐요. 벌써 몇 시간째 딱따구리 웃음소리가 들려요.

2호에는 수소 가족 다음으로 가벼운 헬륨 씨가 살아요. 지금 헬륨 씨는 개인기를 갈고닦기 위해 딱따구리 목소리를 흉내 내고 있어요.

"헬륨 씨! 어디 계세요? 당신의 딱따구리 웃음소리는 완벽해요. 그만 연습해도 되겠어요."

헬륨 씨가 사는 2호는 수소네 집과 마찬가지로 아무 냄새도 나지 않고, 색깔도 없어요. 헬륨 씨를 찾으려면 한참을 헤매야 하지요.

늘 유쾌하고 기분 좋은 헬륨 씨는 화를 내지 않기로 유명해요. 하지만 마음씨 좋은 헬륨 씨도 섭씨 영하 268.9도가 되면 화를 내며 끓어요. 그래도 아랫마을에 사는 사람들에 비하면 훌륭한 거예요. 사람들은 섭씨 영상 25도가 넘거나 섭씨 영하 1도만 돼도 덥거나 춥다고 짜증을 내거든요.

헬륨은 우주에서 수소 다음으로 많아요. 하지만 지구에 사는 헬륨은 우주 전체 헬륨의 0.0005퍼센트밖에 안 돼요. 미국의 텍사스, 뉴멕시코, 캔자스, 오클라호마, 애리조나, 유타와 캐나다, 러시아, 남아프리카 공화국 등에서 나오는 천연가스에 살고 있지요.

헬륨 씨는 하루가 무척 바빠요. 알루미늄 같은 금속을 용접해서 단단히 붙이고, 사람들이 로켓을 발사하는 데 도움을 주며, 기상 관측용 풍선을 띄우는 걸 돕기도 하지요. 또 공기통 속에서 산소와 어울려 사람들이 깊은 바닷속에서 숨을 쉴 수 있게 해 줘요.

헬륨 씨는 독신주의자예요. 다른 화학 원소와 결혼하지 않지요. 하지만 워낙 유쾌하고 친절해서 원소 아파트 이웃뿐만 아니라 아랫마을 사람들도 헬륨 씨를 좋아하죠. 사람들이 헬륨 가스를 마시고 말을 하면 갑자기 목소리가 이상하고 우스꽝스럽게 변해서 큰 웃음을 주지요.

 **태양에서 발견한 원소, 헬륨**

헬륨은 수소 다음으로 가벼운 원소예요. 우주에 아주 많이 존재하지요. 헬륨이 처음 발견된 곳은 지구가 아닌 태양이에요. 과학자들은 햇빛을 분석하다가 노란색 선 하나를 발견했어요. 이 노란색 선은 당시에 알려진 원소들과는 아주 달랐어요. 그래서 사람들은 이 새로운 원소가 태양에 있다고 생각했고, 그리스어로 '태양'을 뜻하는 '헬리오스'에서 이름을 따서 헬륨이라고 불렀어요.

"다이아몬드 씨, 집에 계세요?"

"사랑하는 다이아몬드 씨, 제발 한 번만 만나 주세요."

아침부터 원소 아파트 6호 앞이 소란스러워요.

잠시 뒤 집 안에서 누군가가 빼꼼히 문을 열고 나왔어요.

그런데 이게 웬일이죠? 다이아몬드 씨는 어디 가고 얼굴이 까만 탄소 아주머니가 나온 거예요.

"다이아몬드 씨가 아니잖아?"

"이 집이 아닌가?"

문 앞에서 시끄럽게 웅성거리던 아랫마을 사람들은 실망한 얼굴로 돌아갔어요.

사실 6호 탄소 가족에게는 비밀이 있어요. 탄소 가족은 한 식구이지만 얼굴색이 각기 달라요. 아버지는 하얗고 어머니는 까맣지요. 오빠는 까만데, 누나는 하얘요.

얼굴이 까만 탄소 가족은 숯이나 석탄이라고 불려요. 얼굴이 하얀 탄소 가족은 다이아몬드라고 하지요.

숯이나 석탄이라고 불리는 까만 탄소 가족은 몸이 연하고 반들반들하며 전기를 무척 좋아해요. 공부하는 걸 좋아해서 점토와 어울려 연필심이 되기도 해요. 반면 다이아몬드 탄소 가족은 몸이 아주 단단하고, 전기를 좋아하지 않아요. 사람들에게 인기도 많지요.

탄소 가족이 가장 열심히 하는 일은 산소와 힘을 합쳐 불을 만드는 거예요.

 이렇게 만들어진 불로 사람들은 밥을 짓고 물을 데워 목욕을 하고, 추운 겨울을 따뜻하게 보내요. 하지만 사람들은 탄소에게 고마워하기는커녕 불이 꺼지면 남은 재나 연기가 공기를 오염시켜서 사람들의 건강을 해친다고 탄소를 탓하기도 하죠.
 때로는 탄소가 심통을 부리기두 해요. **탄소 하나와 산소 하나가 만나면 일산화 탄소(CO)가 돼요.** 일산화 탄소는 성질이 무척 못돼서 아랫마을 사람들에게 두통, 졸음, 구토, 졸도를 유발하지요.

탄소 하나와 산소 두 개가 만나면 이산화 탄소(CO_2)가 돼요. 이산화 탄소는 탄산음료를 만드는 데 사용돼요. 또 식물이 광합성을 할 때 꼭 필요하지요. 이산화 탄소는 태양열이 전부 우주로 빠져나가지 않게 붙잡아서 지구를 따뜻하게 해 줘요. 그런데 이산화 탄소가 너무 많아지면 지구가 점점 뜨거워져 기후 변화 같은 문제가 생겨요.

 **탄소의 순환**

식물은 이산화 탄소를 이용해서 양분을 만들어요. 동물은 식물을 먹고 사람은 식물과 동물을 먹어요. 이렇게 사람의 몸속에 흡수된 탄소는 숨을 쉴 때 배출되거나 똥이나 오줌을 통해 다시 밖으로 나가요. 그러면 흙과 공기를 통해 식물에게 다시 흡수되지요. 이것을 '탄소의 순환'이라고 해요.

원소 아파트 7호
질소
N
Nitrogen

"여보세요. 아무도 안 계세요?"

질소 가족이 사는 원소 아파트 7호의 문이 열려 있어요. 그런데 어디에도 질소 가족은 보이지 않네요.

"질소 부인, 어디 계세요?"

"소파에 앉아서 책을 읽고 있어요."

"네? 제 눈에는 보이지 않는걸요. 아무래도 내일 다시 와야겠어요. 안녕히 계세요."

이런, 원소 아파트 부녀회장인 아르곤 부인은 오늘도 질소 부인을 못 만났어요.

질소 가족은 지구를 둘러싼 공기의 대부분을 차지해요. 1호 수소 가족과 마찬가지로 질소도 색, 냄새, 맛이 없어요.

질소 가족은 무척 바빠요. 완두콩, 강낭콩, 땅콩 같은 콩과 식물의 뿌리에 살고 있는 세균들의 도움을 받아 식물이 잘 자라도록 도와요. 또 동식물의 배설물에 숨어 있다가 땅속 세균의 도움을 받아 식물의 영양분이 되기도 해요.

질소는 우리 눈에 보이지 않지만 온도가 섭씨 영하 196도 밑으로 내려가면 볼 수 있어요. 액체로 변하거든요.

액체 질소는 병원이나 연구소에서 일해요. 사람이나 동물의 혈액, 디엔에이(DNA) 등을 꽁꽁 얼려서 보관하지요.

질소 가족은 원소 아파트의 마술사예요. 섭씨 영하 196도 밑으로 떨어지는 날이면 이 아파트 광장에서 멋진 마술을 선보여요.

7호   액체 질소로 펼치는 마술

액체 질소

말랑한 공을 산산조각 낼 수 있어요.

꽃잎을 유리처럼 만들어요.

바나나로 못을 박을 수 있어요.

액체 아르곤

아르곤 기체를 액체로 만들어요.

질소 가족의 막내는 소문난 장난꾸러기예요. 1호에 사는 수소 삼 형제와 '**암모니아(NH₃)**'라는 괴짜 모임을 만들었어요. 암모니아 회원들이 아랫마을에 냄새를 퍼뜨리는 바람에 한동안 사람들이 고생했지요. 암모니아 냄새는 톡 쏘고 매우 자극적이며 아주 불쾌해요. 화장실에서 이런 냄새가 난다면 암모니아 녀석들이 다녀간 줄 아세요.

원소 아파트 **8**호
산소
O
Oxygen

　부녀회장인 아르곤 부인의 어깨가 축 처져 있어요. 반상회 소식을 전해야 하는데 원소 아파트 8호에 사는 산소 가족이 보이지 않거든요. 산소도 수소, 질소와 마찬가지로 색깔, 냄새, 맛이 전혀 없어서 만나기가 쉽지 않아요.
　아르곤 부인은 하늘에 대고 소리쳤어요.
　"오늘 저녁 8시에 반상회가 있어요. 꼭 참석해 주세요!"
　산소 가족은 하늘, 바다, 땅 곳곳에 살고 있어서 이렇게 허공에 소리치면 서로서로 소식을 전해 줘요.
　산소 가족은 식물과 아주 친해요. 식물은 햇빛을 이용해 양분을 만드는 광합성 작용을 하는데, 이때 공기 중에 있는 이산화 탄소를 빨아들이고 산소를 내뿜지요.

산소 가족은 같은 산소끼리 결혼하기도 해요. **건강하고 멋진 산소 총각(O)과 예쁘고 똑똑한 산소 처녀(O)가 결혼하면 맑고 깨끗한 산소 O_2가 되지요.** 이 O_2 신혼부부는 지구를 둘러싸고 있는 공기층인 대기권, 즉 지표면에서부터 약 1,000킬로미터 높이까지 살아요.

산소 부부가 사는 공기는 인간에게도, 동물에게도, 식물에게도 아주 소중하게 쓰여요. 산소 부부가 자신들과 똑 닮은 자식을 하나 더 낳으면 오존(O_3) 가족이 돼요. 그러면 O_3 가족은 대기권보다 더 높은 성층권에 올라가서 살아요. 오존은 태양이 내뿜는 자외선으로부터 지구를 보호해요.

원소 아파트 8호에는 닥터 산소가 살아요. 사람들이 사는 아랫마을 병원이 닥터 산소의 직장이에요.

사람들은 한동안 환경을 돌보지 않고 검은 연기를 내뿜는 공장을 마구 지어 댔어요. 공장에서는 물건을 엄청나게 많이 만들어 냈어요. 사람들은 물건 덕분에 편리함을 누렸지만, 공장에서 나오는 해로운 물질 때문에 병에 걸리고 말았어요. 오염된 공기는 사람들의 폐를 망가뜨렸는데, 폐 기능이 약해져

숨쉬기 어려워하는 사람들을 닥터 산소가 치료해 주었어요. 신선한 산소는 증상을 완화시켜 주거든요.

엄마 뱃속에서 열 달을 다 못 채우고 태어난 아기들에게도 닥터 산소의 손길이 필요해요. 미처 다 자라지 못한 폐나 심장 같은 몸속 장기들이 잘 자라도록 도와주거든요.

닥터 산소는 가끔 수술실에도 들어가요. 수술할 때는 기체로 된 마취제를 사용하는데, 닥터 산소가 다른 기체들과 함께 환자를 푹 재워 아픔을 느끼지 못하게 하지요.

산소 가족은 아랫마을 사람들에게는 정말 소중한 존재예요. 하지만 사람들은 그 고마움을 잘 모르는 것 같아요. 산소 가족이 모두 다른 행성으로 이사를 가면 어떻게 될까요? 산소가 없다면 인간은 물론 동물, 식물도 살 수 없어요. 아름다운 지구는 순식간에 폐허로 변하고 더는 푸른 산과 바다, 파란 하늘을 볼 수 없을 거예요. 상상만 해도 끔찍한 일이에요.

 사람들의 건강을 위협하는 오존

성층권에 있는 오존층은 자외선으로부터 지구를 보호해요. 하지만 지구 표면을 떠다니는 오존은 사람의 코나 눈을 따갑게 만들고 몸에 나쁜 영향을 줘요. 오존은 사계절 중 햇볕이 강한 여름철에 가장 많아지고, 오후 2~5시 사이에 가장 높게 나타나요. 이 시간대에는 외출을 하지 않는 것이 좋아요. 특히 호흡기 질환이 있는 사람이나 노약자, 어린이 등은 더욱 조심해야 해요.

오존 주의보
오존 농도 0.12ppm 이상
눈과 목이 따가움,
불안감, 두통 유발

오존 경보
오존 농도 0.3ppm 이상
호흡기 자극,
가슴 압박 및 시력 감소

오존 중대 경보
오존 농도 0.5ppm 이상
폐 기능 저하,
기관지 자극 및 패혈증

원소 아파트 9호 문틈으로 연한 녹황색 연기가 폴폴 새어 나오고 있어요. 혹시 불이라도 난 걸까요?

앗, 문이 열렸어요.

"아버지, 안녕히 다녀오세요."

"그래. 너희도 잘 다녀오너라."

원소 아파트 9호에 사는 플루오린 씨가 출근을 하네요. 뒤이어 가방을 멘 아이들이 뒤따라 나오고 있어요.

쿵쿵, 그런데 이게 무슨 냄새인가요? 플루오린 씨가 지나가는 곳마다 다들 코를 부여잡고 괴로워해요. 플루오린 가족은 숨이 막힐 정도로 지독한 냄새를 풍겨요. 그래서 아랫마을 사람들은 플루오린 가족을 멀리하지요.

하지만 플루오린 가족은 다른 원소 가족과 함께 일하는 것을 좋아해요. 수소와 어울려 금속이나 유리를 닦는 세척제, 윤을 내는 연마제, 표면의 불순물을 제거하는 부식제를 만들어요. 또 11호에 사는 나트륨과 힘을 합쳐 아랫마을 사람들의 충치를 예방해 주기도 하지요.

플루오린이 어떻게 충치를 예방하냐고요? 사람들의 치아 겉면에 플루오린이 포함된 화합물을 발라 주면 치아에 플루오린 막이 생겨요. 충치균들이 덤벼도 끄떡없지요. 또 충치균이 만들어 낸 산이 치아를 녹여 구멍이 생기는 것을 막아 줘요.

플루오린은 침 속의 미네랄 물질과 결합해 손상되거나 녹은 치아 표면을 메워 치아를 단단하게 해 줘요. 이렇게 효과가 좋지만 치과에 가서 플루오린 치료를 하기는 귀찮다고요?

걱정 마세요. 여러분이 쓰고 있는 치약 속에 적정량의 플루오린이 들어 있으니까요. 하루에 세 번 양치질하는 것만으로 플루오린 치료를 받고 있는 셈이에요. 세계 30여 개 나라에서는 수돗물에 플루오린을 넣기도 해요.

플루오린 부인은 모기와 파리가 극성을 부리는 여름이 되면 얼굴 보기가 힘들어요. 살충제를 만들어 모기나 파리, 바퀴벌레, 쥐를 없애느라 바쁘거든요. 혹시라도 아파트 복도에서 독한 플루오린 부인을 만나면 살충제에 닿지 않게 조심하세요.

독성이 있지만 치아 건강에 필요한 플루오린이라니, 참 알쏭달쏭하지요?

 **"많이 먹었을 경우, 의사와 상담해 주세요."**

플루오린이 들어 있는 치약에서 이 문구를 본 적이 있을 거예요. 이를 닦을 때마다 입 안의 치약을 완전히 헹구어 낼 수 없을 텐데 어쩌죠? 플루오린은 옷에 흘린 커피 얼룩이나 타일 틈새의 찌든 때도 말끔히 없앨 만큼 강력해요. 지나치게 많은 플루오린은 건강에 해로우니 치약은 적당량을 사용하고 꼭 물로 잘 헹구어 내세요.

네온 가족이 사는 원소 아파트 10호에 불빛이 번쩍거려요. 마치 밤거리에 나온 것처럼요. **네온 가족은 특이하게도 낮은 압력에서 전기와 만나면 밝은 주홍색 빛을 내요.** 불빛을 본 부녀회장 아르곤 부인의 발걸음이 바빠져요. 네온 가족은 좀처럼 만나기가 힘들어서 10호가 반짝거리면 재빨리 가서 소식을 전해야 해요.

네온 가족도 다른 기체 가족과 마찬가지로 숨어 있기를 좋아하는데, 공기보다 가벼워서 천장 근처에 있어요. 네온 가족은 지구에 많이 살지 않아요. 대부분 우주에 살거든요. 네온이라는 이름은 '새 것'을 뜻하는 그리스어 '네오스'에서 유래했는데 네온 가족은 이 이름을 자랑스럽게 여겨요.

네온 가족은 주로 밤에 일해요. 아랫마을 사람들이 밤마다 모여드는 번화가가 일터지요. 네온 덕분에 사람들은 어두운 밤거리에서 길을 잃지 않고 잘 다닐 수 있어요.

'네온사인'에서는 네온만 빛을 내는 게 아니에요. 다른 기체 가족들도 화려한 색을 뽐내며 반짝여요. 질소는 노란색, 이산화 탄소는 흰색, 산소는 오렌지색, 아르곤은 보라색 또는 푸른색 빛을 자랑하지요.

 호   **휘황찬란한 네온사인**

네온사인은 가늘고 긴 유리관을 다양한 모양으로 구부리고 그 안에 수은, 네온, 아르곤 같은 기체를 채워서 만든 전등이에요. 네온사인은 1920년대부터 광고나 장식용으로 널리 사용되고 있어요.

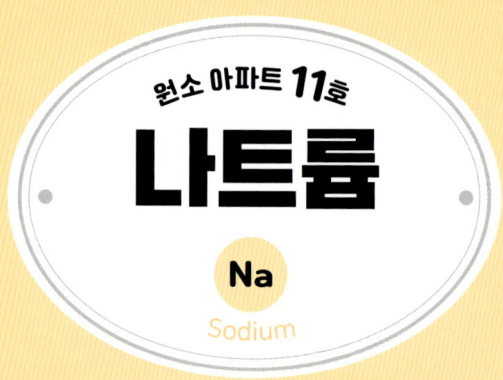

원소 아파트 11호에는 뽀얀 피부를 가진 나트륨 가족이 살아요. 나트륨은 지구에서 여섯 번째로 많은 원소인데, 은백색의 부드러운 금속이지요.

나트륨 가족은 금속임에도 불구하고 물보다 가벼워요.

나트륨 씨는 제약 회사에 다녀요. 낮에는 주로 약을 만드는 일을 하고, 밤이 되면 나트륨등이 돼 어두운 길을 밝혀 줘요. 나트륨 씨는 열과 전기를 잘 전달할 뿐만 아니라, 여러 화학 물질과 잘 어울려요.

사교성이 무척 좋아서 새로운 모습으로 변신하는 것을 좋아해요. 다른 이웃들과 어울려 이전과는 다른 모습으로 바뀌기도 하지요. 물과 닿으면 격렬하게 반응하여 하얀 **수산화 나트륨(NaOH)**이 돼요. 공기 중의 습기를 쉽게 흡수하여 액체가 되지요.

　수산화 나트륨은 레이온 섬유 등 옷감을 만들거나 석유를 깨끗하게 하는 데 쓰여요. 또 비누, 펄프, 종이, 고무 재생에 사용되지요.

나트륨 가족은 염소(Cl) 가족과 친해서 사돈을 맺었어요. 두 가족의 자녀가 만나면 **염화 나트륨(NaCl)** 가족이 탄생하지요. 사람들은 염화 나트륨 가족을 소금 가족이라고 불러요. 염화 나트륨 신랑 신부는 바다로 신혼여행을 떠나요. 그 덕분에 바닷물이 짠 거예요. 사람들은 짠 소금을 요리에 쓰거나 음식 보관에 활용해요.

또 탄산 이온이랑 수소 이온이랑 만나면 **탄산수소 나트륨 (NaHCO₃)**이 돼요. 밀가루 반죽을 부풀게 하는 베이킹파우더나 탄산음료, 분말 소화기 속에서 묵묵히 자기 역할을 하죠.

가끔은 탄산 이온이랑 만나 **탄산 나트륨(Na₂CO₃)**이 돼 지하수에 녹아요. 이 물은 약알칼리성을 띠는데, 소화가 잘 되게 도와줘서 사람들에게 인기가 많아요.

미라를 만드는 데 쓰인 나트륨

금속 원소인 나트륨은 자연에서 순수한 형태로는 발견되지 않아요. 염소와 결합해 소금(NaCl)이 되거나 탄소, 산소와 결합해 탄산 나트륨(Na₂CO₃)으로 존재하지요. 고대 이집트 사람들은 물이 증발된 호수나 사막에서 나트론을 얻었어요. 나트론은 탄산 나트륨과 염화 나트륨을 포함하는 천연 광물로, 미라를 건조시켜 오래 보존하는 데 사용했어요.

원소 아파트 12호에 사는 마그네슘 가족은 언뜻 보면 나트륨과 비슷하게 생겼어요. 은백색의 금속이거든요. 마그네슘 가족의 집에는 하얀 가루가 눈처럼 쌓여 있어요.

마그네슘 가족은 식구가 많은데 대부분 아랫마을에서 사람들과 살고 있어요. 집을 떠나 사람들과 살며 다양한 역할을 하고 있지요.

마그네슘 가족 중 일부는 사람들 몸속에 살아요. 칼슘, 인과 함께 뼈를 만들고, 근육과 신경이 제대로 기능하도록 도움을 주며, 에너지를 만들지요.

마그네슘 가족이 돕지 않으면 사람들은 설사와 구토를 하고, 우울증, 근육 경련, 변비, 관절염, 동맥 경화증 같은 여러 가지

질병에 걸릴 수 있어요. 집중력이 떨어지거나 눈꺼풀이 떨리는 증상이 나타나기도 해요.

성격이 불같은 마그네슘 가족의 큰딸은 강렬한 빛을 좋아해요. 카메라 플래시, 신호 조명탄, 불꽃놀이를 만드는 데 열정을 쏟아요.

마그네슘 삼촌은 단열재를 만들어요. 사람들이 추운 겨울을 따뜻하게 지내고 더운 여름은 시원하게 보낼 수 있도록 해 주지요.

마그네슘 가족은 다른 금속 원소와 결합해 가볍고 튼튼한 새로운 금속을 만들어요. 자전거 몸체, 컴퓨터 케이스, 자동차 부품, 비행기 엔진을 만드는 데 쓰이지요.

묵직한 소리를 내며 하늘을 나는 비행기를 보면 손을 흔들어 인사를 건네 보세요. 마그네슘 가족도 여러분에게 반갑게 인사할 거예요.

 12 호   **식물에게 꼭 필요한 마그네슘**

마그네슘은 식물에게 아주 중요한 원소예요. 식물이 햇빛을 흡수해 영양분을 만들 수 있도록 마그네슘이 돕기 때문이에요. 마그네슘이 부족하면 잎이 누렇게 변하고 심하면 식물이 제대로 자라지 못해 죽기도 해요.

앗, 방금 원소 아파트 13호에 누가 들어갔어요. 분명 금속은 맞는데 마치 얇은 종이 같아요. 그 뒤로 기다란 금속이 뒤따라 들어가네요.

알루미늄 식구들은 생긴 모습이 모두 달라요. 얇은 종이를 닮기도 하고, 가늘고 기다란 선 같기도 해요. 지구에는 엄청 많은 알루미늄이 살아요. 보통 '보크사이트'라고 하는 광물로 숨어 살지요.

인테리어에 관심이 많은 알루미늄 부인은 창틀을 만들어요. 가볍고 질기며 녹이 잘 슬지 않아 사람들에게 인기가 높아요.

남편 알루미늄 씨가 만드는 알루미늄 포일도 사람들이 좋아해요. 알루미늄 부부는 쉴 새 없이 주문이 밀려들어 매일 늦게까지 일하지요.

집안 살림에 관심이 많은 알루미늄 씨의 딸은 가정용 냄비, 주전자 등을 만들어요.

막내아들 알루미늄 군은 미술에 재능이 있어요. 알루미늄 캔을 디자인하는 재미에 푹 빠져 있지요. 알루미늄 군이 선보이는 디자인은 늘 새로워서 음료수가 불티나게 팔려요.

 호   **귀한 몸값을 자랑했던 알루미늄**

알루미늄은 금, 은 못지않게 귀중한 금속이있어요. 나폴레옹 3세는 평범한 손님은 금 식기로 대접하고, 귀한 손님은 알루미늄 술잔이나 접시로 대접했다고 해요.

황 가족은 원소 아파트 16호에 살아요. 집 입구에 들어서면 연노란색 빛이 아름답게 빛나지요. '황'은 한자어로 '노랗다'라는 뜻이에요. 노란색을 띠는 황의 성질 때문에 이런 이름이 붙게 되었어요. 순수한 황은 노란색을 띠는 고체예요. 그런데 황을 태우면 파란 불꽃이 일고, 매우 고약한 냄새가 나요. 이 냄새는 '이산화 황'이라는 기체 때문이에요. 오랜 옛날부터 사람들은 이산화 황으로 물건을 소독하고 귀신을 쫓았어요.

황 가족은 화산 지역을 좋아해요. 허연 연기가 폴폴 나는 분화구 주위에 황 원소들이 마을을 이루며 살아요. 몇 해 전에 원소 아파트로 이사 온 황 가족도 그곳에서 살다가 왔지요.

　황 가족은 온천 사업을 해요. 황 가족이 살던 온천에 많은 사람이 찾아오는 걸 보고 유황 온천을 널리 알려야겠다고 생각했어요.
　사람들은 피부병이 생기면 유황 온천을 찾아요. 유황이 세균 번식을 막아 피부 건강에 도움을 주기 때문이지요. 또 여러 나라에서 유황을 암 치료, 염증 치료, 통증 완화, 류머티즘 치료, 피부 보호 등 다양한 곳에 사용하고 있어요.
　황은 사람들 몸속에도 살아요. 황은 단백질을 만드는 데 꼭 필요해요. 피부, 머리카락, 손톱 속에 사는데, 황이 부족하면 손톱, 발톱이 두꺼워지고, 피부가 쭈글쭈글해질 수 있어요.

　어릴 적부터 불을 좋아했던 황 가족의 막내인 황 박사는 성냥 공장을 운영해요. 간혹 화약을 만들기도 하지요. 황 박사는 화약이 무기에 사용되지 않도록 조심하고 있어요.

　황 박사의 누이인 황 과학자는 농작물을 병균과 벌레로부터 보호하는 농약과 살충제를 개발해요.

한편 가족과 떨어져 지내는 황 삼촌은 타이어 만드는 일을 해요. 천연고무에 황을 섞어 열을 가하면 탄력 있고 튼튼한 고무를 만들 수 있어요. 황 삼촌이 만든 타이어는 탄성이 뛰어나고 오래 쓸 수 있어서 유명한 자동차 회사에 납품되고 있어요.

우리가 타고 다니는 자동차의 타이어를 보면 타이어를 만든 황 삼촌을 한번 떠올려 봐 주세요.

16 호 **마늘과 파 속에 유황이 들어 있다고?**

마늘과 파에는 유황 성분이 들어 있어요. 마늘과 파를 먹으면 몸속에 쌓인 나쁜 물질이 배출되는 데 도움이 돼요. 유황 성분이 중금속과 결합해 똥으로 나오는 거예요. 특히 유황 성분이 많은 마늘은 수은, 비소, 구리 등이 몸속에 쌓이는 걸 막아 줘요.

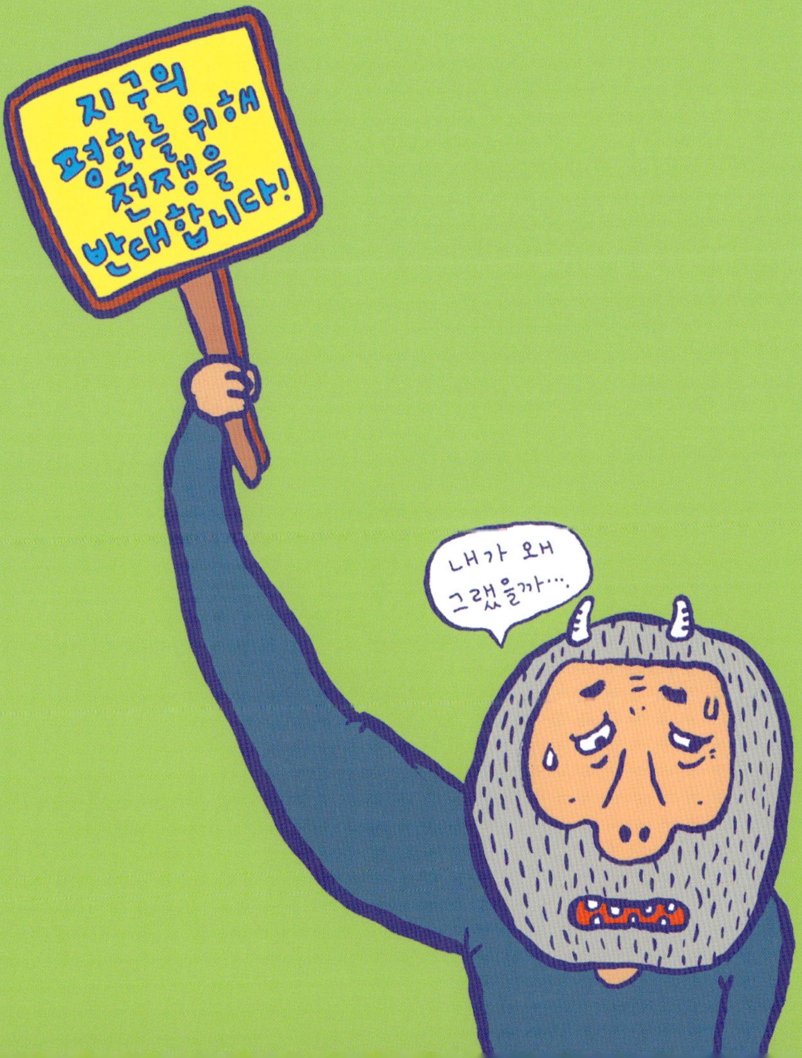

원소 아파트 놀이터에 할아버지 한 분이 나와 계세요. 아, 원소 아파트 17호에 사는 염소 할아버지군요. 염소 할아버지의 이름을 아랫마을 사람들이 키우는 수염 달린 염소와 헷갈리면 안 돼요.

염소는 그리스어로 '옅은 초록색'이라는 뜻이에요. 염소 가스가 초록색을 띠고 있어서 붙여진 이름이지요.

염소 가족은 남을 돕는 착한 마음씨를 가졌는데, 안타깝게도 매우 강한 독성을 지녔어요. 아주 적은 양의 염소 기체도 폐를 붓게 하며, 피부에 화상을 입히고, 눈에 염증을 일으켜요. 1리터의 공기 중에 염소 가스가 아주 소량만 있어도 몇 시간 안에 숨이 막혀 죽고 말지요.

염소 할아버지는 주말마다 '지구의 평화를 위해 전쟁을 반대합니다!'라는 팻말을 들고 평화 시위를 해요. 젊은 날의 실수를 후회하며 사람들에게 전쟁의 비극을 알리는 일에 앞장서고 있지요.

할아버지는 제1차 세계 대전 때, 독가스를 만들어 최초로 화학전을 일으키는 데 참여했어요. 전쟁을 일으킨 독일 사람들의 속임수에 넘어가고 만 것이죠.

　제1차 세계 대전 중인 1915년에 독일군은 영국군에게 염소 가스를 날려 보냈어요. 독성이 강한 염소 가스를 마신 영국 군인들은 눈과 폐가 망가진 채로 끔찍하게 죽었어요. 당시에는 제대로 된 방독면이 없어서 염소 가스의 피해가 어마어마하게 컸어요.

　할아버지의 실수를 만회하고자 염소 가족은 세상에 도움이 되는 일을 하기로 결심했어요. 염소 아저씨는 청소 회사를, 염소 고모는 표백제 회사를 차렸지요. 염소의 독성을 잘 사용하면 바이러스와 박테리아를 없애고 종이나 옷을 하얗게 만들 수 있거든요.

염소 가족은 매일 아랫마을로 출근해서 수영장의 물을 깨끗하게 소독해요. 또 화장실에 사는 나쁜 균을 청소하며, 수돗물 속 해로운 미생물을 없애지요.

염소 가족이 이렇게 열심히 사람들을 도운 덕분에 아랫마을 사람들은 더는 염소 가족을 미워하지 않아요. 깨끗하게 세탁한 옷을 입거나 수돗물을 안심하고 마시는 사람들을 보며 염

소 가족은 큰 보람을 느껴요. 할아버지의 지난 실수를 조금이라도 갚은 마음이랄까요?

"나는 매일같이 염소 가스를 만든 그 결정을 후회합니다. 우리 가족은 그 죄를 갚기 위해 밤낮으로 열심히 사람들을 도왔어요. 우리 염소가 물을 정화한 덕분에 수백만 명이 목숨을 구하기도 했지요. 따지고 보면 우리 때문에 죽은 사람보다 산 사람이 훨씬 많은 걸 알고 있나요? 부디 우리의 노력이 헛되지 않기를 바랄 뿐입니다."

염소의 두 얼굴

염소는 좋은 점과 나쁜 점이 뚜렷한 원소예요. 전쟁의 무기로 사용돼 많은 사람의 생명을 빼앗아 갔지만, 한편으로는 표백제, 소독제 등으로 널리 쓰이며 사람들의 위생과 건강에 도움을 주고 있어요.

대표적인 염소 화합물인 소금은 사람들의 식생활에 없어서는 안 되는 재료지만, 지나치게 많이 먹으면 고혈압 같은 병을 일으킬 수 있어요.

화학 원소 아파트 18호에는 부녀회장님이 살아요. **냄새도, 색깔도, 맛도 느껴지지 않는 아르곤 가족을 알아보기란 쉽지 않아요.** 그래서 아파트 주민들은 깜짝 놀라곤 하지요. 아르곤 식구들이 가끔 뒤에서 옆에서 앞에서 느닷없이 불쑥 나타나는 장난을 치기 때문이에요.

재미있는 건 아르곤 부인은 자신이 7호의 질소, 8호의 산소처럼 잘 보이지 않는다는 걸 몰라요. 아르곤 부인은 워낙 친절해서 만나는 주민에게 먼저 인사를 건네요. 다른 원소들은 아르곤 부인이 보이지 않아도 금세 알아채지요.

아르곤 가족은 평화주의자예요. 이웃들과 다투는 일이 없지요. 원소 아파트 주민들은 만장일치로 아르곤 부인을 부녀회장으로 뽑았어요. 모습도 성질도 다른 원소 아파트 주민들이 화목하게 지내는 건 모두 이르곤 부인 덕분이에요.

　환경 문제에 관심이 많은 아르곤 부인은 아파트 주민들이 재활용 쓰레기를 잘 분리해서 버리도록 열심히 도와요. 수시로 필요한 물품을 교환하는 바자회를 열어 자원이 낭비되지 않도록 하지요. 결혼 전에는 박물관에서 일했어요. 공기에 닿으면 손상될 수 있는 귀한 옛 문서를 보관하고 관리했지요.

　아르곤 부인의 남편인 아르곤 씨는 백열전구나 형광등 같은 전구의 내부 충전 물질을 만들어서 전구를 오래 쓸 수 있게 해요. 공장에서 자동차와 항공기, 전자 제품의 금속을 이어 붙이는 일도 하지요. 용접할 때 불꽃이 튀기 때문에 무척 덥지만,

불평하지 않고 언제나 즐겁게 일해요.

  아르곤 부인의 딸은 병원에서 일해요. 레이저로 종양을 없애거나 눈의 망막을 치료하는 안과 수술에서 탁월한 실력을 뽐내고 있어요.

"아르곤 부인, 어디를 그리 바삐 가세요? 맞다. 반상회가 있는 날이죠? 그런데 어쩌죠? 우리는 아랫마을 파티에 참석해야 해서 반상회에 못 가요. 다른 원소들은 초대받지 못한 모양이네요. 호호호!"

원소 아파트 19호에 사는 칼륨 가족은 아랫마을 인간들과 무척 친해요. 아니 사람들에게 없어서는 안 될 존재죠. 그래서 가끔 칼륨 가족은 잘난 척을 해요.

아르곤 부인이 칼륨 가족을 돌아보면서 작은 소리로 한마디 하네요.

"쳇, 아랫마을 인간들과 안 친한 원소가 어디 있다고!"

연한 은빛을 띠는 칼륨은 원래 호수나 바다 바닥에서 살았어요. 그러다가 전기를 만난 덕분에 원소 아파트에 살면서 인간들과 친해졌어요.

칼륨은 사람들이 생명을 유지하는 데 꼭 필요한 원소예요.

칼륨 씨는 아랫마을 병원 원장이에요. 칼륨 씨는 아랫마을 사람들의 건강을 책임져요. 심장이 잘 뛰는지, 뇌와 척수에 있는 신경 체계가 제대로 작동하는지, 혈압은 정상인지, 신장이 몸속 노폐물과 독성 물질을 소변으로 잘 내보내는지 살펴요.

칼륨 씨는 요즘 '채소 많이 먹기 운동'을 벌이고 있어요. 칼륨 가족의 첫째 삼촌은 농사를 지어요. 칼륨이 많이 든 양송이버섯, 부추, 쑥, 아욱, 근대, 머위, 미나리, 시금치, 감자 등 갖가지 채소를 키우고 있지요.

가끔은 염소(Cl) 가족과 함께 비료를 만들어요. 칼륨 삼촌이 비료를 뿌리며 콧노래를 부르면 토마토는 더 붉게, 감자는 더 크고 굵게, 오이는 더 싱싱하게, 고추는 더 푸르게 쑥쑥 자라지요.

19호 몸속에 칼륨이 부족하면 생기는 일

우리 몸에 칼륨이 부족하면 발이나 다리가 쉽게 피로해질 수 있어요. 머리가 자주 아프고 구토 증상이 나타나며, 피부가 거칠어져요. 밤에 잠을 잘 못 자기도 해요. 심한 경우에는 근육 마비가 와서 몸을 제대로 움직일 수 없게 돼요. 그 밖에도 신경이 예민해지고 몸에 힘이 없어지고, 손발이 저리고 식욕이 떨어지거나 변비가 생기기도 해요.
매일 과로에 시달리는 아버지와 어머니, 혈압이 높은 할머니와 할아버지, 음식을 짜게 먹는 사람들, 당뇨 환자 등은 칼륨 섭취에 특히 신경 써야 해요.

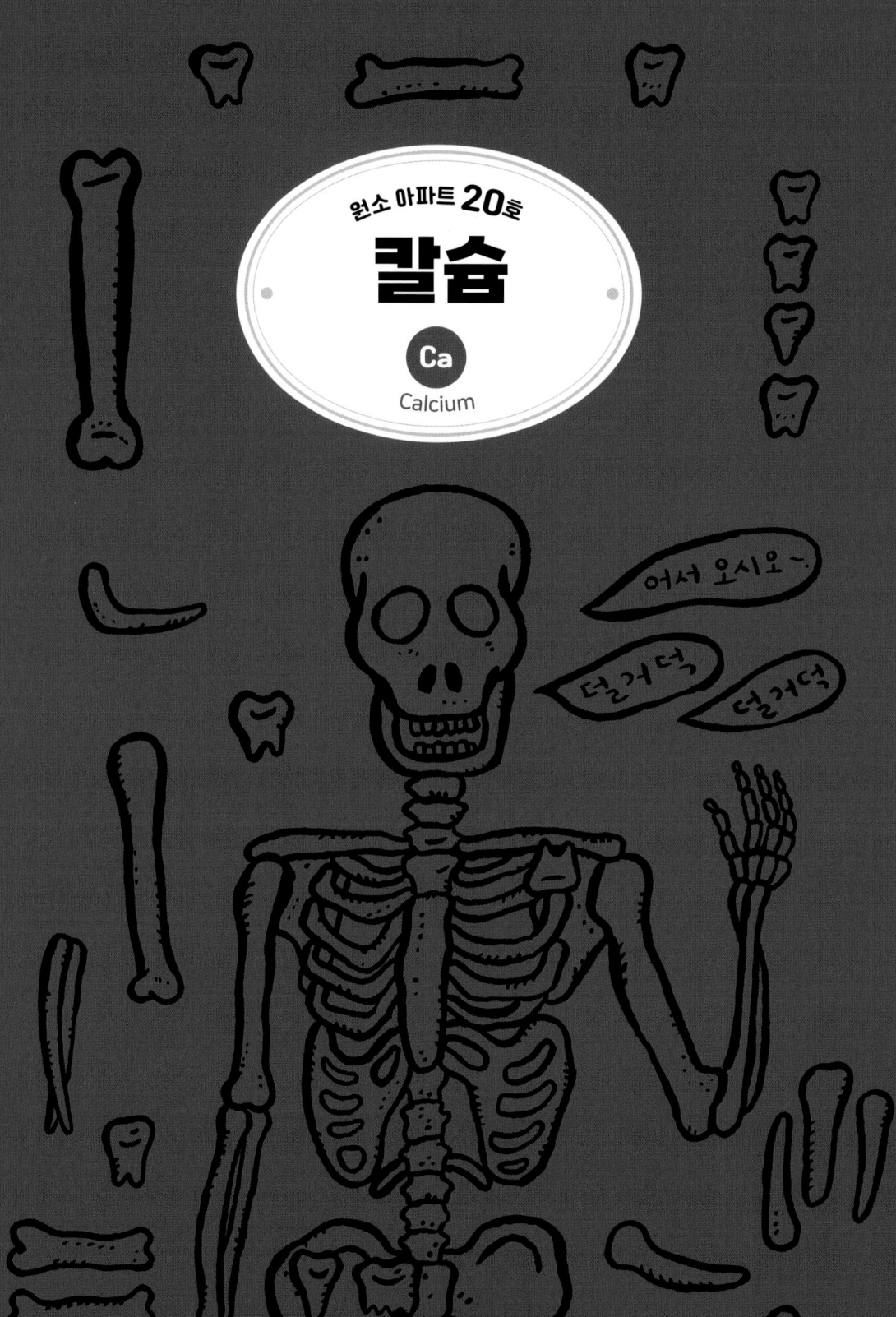

　원소 아파트 20호에 갈 일이 있으면 마음을 단단히 먹어야 해요. 깜짝 놀랄 수 있어요. 왜냐고요? 집 안팎에 사람 뼈 모양의 장식물이 가득하기 때문이죠.

　원소 아파트 20호의 주인은 칼슘 가족이에요. **칼슘 가족도 사람들에게 중요한 원소예요.** 칼슘은 사람 몸무게의 약 1.4퍼센트를 차지하는데, 그중 약 99퍼센트는 뼈와 치아를 이루고, 나머지 1퍼센트는 혈액 등 체액에 녹아 있어요.

그래서 칼슘 집에는 뭐든지 뼈 모양이에요. 벽지마저 뼈 그림이 그려져 있어 으스스하지요. 웬만한 강심장이 아니고서는 잠시도 머물고 싶지 않은 분위기예요.

칼슘 씨는 약국에서 약을 만들어요. 속이 쓰릴 때 위산이 나오는 걸 줄여 주는 제산제, 칼슘 보충제 제조에 뛰어난 실력을 자랑하지요. 칼슘 씨가 일하는 약국 앞에는 늘 사람들이 약을

사기 위해 줄 서 있어요. 뼈가 잘 자라지 못해 척추가 굽은 아이, 호르몬 조절에 문제가 생겨 땀을 많이 흘리는 청년, 소화 불량으로 고생하는 아저씨, 칼슘이 부족해 집중력이 떨어지는 학생, 그 밖에도 당뇨로 고생하는 할머니, 저혈압으로 고생하는 아가씨 등이 칼슘 씨 약국을 찾아와요.

칼슘 씨의 부인인 베이킹파우더 아주머니는 제과 회사에서 일하며 밀가루 반죽을 크게 부풀리는 일을 해요. 가끔 아랫마을 꼬마들이 코를 킁킁거리며 아주머니를 졸졸 따라다녀요. 맛있는 빵 냄새가 풍겨 오기 때문이지요. 그 냄새가 얼마나 황홀한지 소독약 냄새가 폴폴 나는 약사 칼슘 씨가 호통을 칠 때까지 계속될 정도예요.

아들인 칼슘 군은 산소와 어울려 **산화 칼슘(CaO)**을 만들어요. 이 산화 칼슘과 물을 섞으면 소석회라고도 하는 **수산화 칼슘($Ca(OH)_2$)**이 만들어져요.

참, 칼슘 씨가 키가 작아 고민인 어린이들에게 당부하고 싶은 말이 있다고 해요.

"어린이 여러분, 키가 쑥쑥 크길 바라나요? 칼슘이 충분해야 무럭무럭 자랄 수 있어요. 우유, 치즈, 멸치, 채소, 콩, 곡류, 해조류에는 칼슘이 많이 들어 있어요. 특히 청소년 시기는 뼈가 매우 빠르게 성장하는 시기이므로 칼슘을 충분히 먹어야 한다는 거, 잊지 마세요!"

센물을 만드는 칼슘

칼슘은 은백색 광택이 나는 금속으로 단단하지만 부서지기 쉬워요. 칼슘이 물에 녹으면 '센물'이 되지요. 센물은 수도꼭지나 욕조 표면에 하얀 물때를 남겨요. 센물로 목욕하면 비누기 잘 풀리지 않아 제대로 씻기 힘들어요. 옷 세탁도 제대로 되지 않지요. 센물을 계속 사용하면 파이프 내부에 딱딱한 물질이 들러붙어요. 그러면 파이프가 막히거나 좁아져 수압이 약해져요.

멀리서 원소 아파트를 바라보면 아주 안전해 보이는 집이 있어요. 철 가족이 사는 원소 아파트 26호이지요. 대문도 아주 튼튼하게 만들어서 쾅쾅 두들기면 손이 아플 지경이지요. 그래서 철 가족 집을 방문할 때는 꼭 초인종을 눌러야 해요.

집 안에 들어서면 단단한 강철로 된 장식이 제일 먼저 눈에 띄어요. 여기를 봐도 저기를 봐도 온통 철이에요. 웬만해서는 부서지거나 찌그러지지도 않지요. 원소 아파트에 불이 나거나 도둑이 들어도 이 집만은 안전해요.

철 가족은 쇠 가족이라고도 불러요. 그래서 철 가족은 모두 쇠망치, 쇠문, 열쇠, 자물쇠 같은 별명을 가지고 있지요. 지구에 사는 철 원소는 대부분 지구의 핵에 모여 살아요. 지구뿐만 아니라 태양과 다른 행성에도 흩어져 살고 있어요.

철 가족은 아랫마을 사람들의 몸속에도 살아요. 사람의 몸에는 평균적으로 약 4.5그램의 철이 들어 있어요. 철이 들어 있는 적혈구 속 헤모글로빈은 폐에서 받은 산소를 심장과 뇌를 비롯해 온몸으로 실어 날라요. 또 이산화 탄소를 다시 폐로 실어 보내 숨을 내쉴 때 밖으로 내보내도록 도와주지요.

사람 몸에 철이 부족하면 철 결핍 빈혈이 생겨요. 빈혈을 예방하려면 시금치, 케일, 브로콜리, 당근 같은 채소와 살코기, 달걀노른자, 과일 등을 충분히 먹어야 해요.

철 가족은 원소 아파트 8호에 사는 산소 가족을 무척 싫어해요. 특히 비나 눈이 오는 날이면 산소 가족과 마주칠까 봐 아예 집 밖에 나가지 않아요.

사실 철 가족이 산소를 멀리하는 데는 이유가 있어요. 비나 눈이 내리는 날에 산소 가족을 만나면 온몸이 붉게 변하면서 피부가 거칠어지기 때문이에요. 녹이 스는 것이죠. 녹이 슬면 원래의 멋진 색깔은 온데간데없이 점점 붉게 변하다가 심한 경우 일부가 떨어져 나가기도 해요. 다들 화목하게 잘 지내면 좋겠지만, 몇몇 원소는 서로 친하게 지낼 수 없는 안타까운 운명이에요.

인간이 사용하는 금속의 90퍼센트가 철이에요. 철은 사람들의 생활에 꼭 필요한 소중한 원소이지요. 철이 없다면 선박, 철도, 자동차도 만들 수 없어요. 도로, 고층 건물, 긴 다리도 지을 수 없을 거예요.

 **철이 녹스는 것을 막는 방법**

철은 산소나 습기에 노출되면 붉게 녹이 슬어 강도가 약해져요. 철이 녹스는 것을 막으려면 페인트나 기름을 칠해서 공기나 물이 닿지 않도록 해야 해요. 양철과 함석을 덧씌우거나 약품 처리를 하면 철이 녹스는 것을 어느 정도 막을 수 있어요.

구리

원소 아파트 29호

Cu
Copper

원소 아파트 29호에는 붉고 무른 금속인 구리 가족이 살아요. **구리 가족은 붉은 얼굴 때문에 다른 금속과 달리 눈에 잘 띄지요.**

구리 가족은 아주 오래전부터 아랫마을 사람들과 인연을 맺어 왔어요. 철보다 부드럽고 녹이 슬지 않아서 도구를 만들 때 많이 사용되었지요. 또 구리는 잘 구부러지고 부드러워서 목걸이나 팔찌 같은 장신구를 만들기 좋았어요.

구리 집안은 오래전부터 메달 만드는 일을 했어요. 아랫마을 사람들이 운동 경기 시상식을 열 때마다 연락을 하지요. 구리는 '동'이라고도 불리는데 금, 은과 함께 뛰어난 성적을 거둔 선수들의 목에 걸리며 그 영광을 함께 나눠요.

구리 가족의 첫째 아들인 구리 군은 전선을 만드는 기술자예요. 전기가 아주 잘 통하는 구리의 특성을 살려 활약하고 있지요.

딸인 구리 양은 주방 기구를 만드는 회사에서 일해요. 열이 빠르게 전달되는 구리 특유의 장점을 살려 다양한 용도의 주방 기구를 선보이고 있어요.

구리는 주석, 아연, 니켈 같은 친구들과 아주 가까워요. 주석과 어울릴 때는 '청동'이라고 불리고, 아연과 친할 때는 '황동', 니켈과 놀 때는 '백동'이라고 하지요. 청동은 선박 프로펠러, 용수철 재료 등으로 쓰이고, 황동은 장식품, 관악기, 문 손잡이로 사용되며, 백동은 주로 동전을 만들 때 이용되지요.

 **거미와 문어의 피는 푸른색**

새우, 바닷가재 같은 갑각류, 문어, 오징어 같은 연체동물, 거미, 전갈 같은 일부 절지동물의 혈액 속에는 철이 들어 있는 헤모글로빈 대신에 구리를 포함한 헤모시아닌이 들어 있어서 푸른색을 띠어요.

원소 아파트 30호에는 가장 널리 사용되는 금속 중 하나인 아연 가족이 살아요. 인간이 생명을 유지하는 데 필요한 원소이기도 하지요.

아연은 사람의 몸속에서 세포를 구성하고, 생리 기능을 조절하는 대표적인 화학 원소 중 하나예요.

아연 씨의 딸 아연 양은 산부인과 간호사예요. 태아가 엄마 뱃속에서 건강하게 자라도록 도와요. 부지런한 아연 양은 습진, 탈모, 미각 이상을 겪는 사람들을 찾아가 봉사도 하지요. 그럴 때면 동생 아연 군도 아연이 풍부한 쇠고기, 굴, 게, 새우 등으로 음식을 만들어 사람들과 나눠요.

아연 씨는 철 가족의 철강 회사에서 튼튼한 철판을 만드는 일을 해요. 철판에 아연을 입히면 잘 녹슬지 않지요.

아연 부인은 구리 가족과 함께 놋쇠, 즉 황동을 만들어요. 한국에서는 예로부터 황동으로 동전을 만들고, '유기'라는 놋그릇을 만들어 사용했어요.

요즘 아연 부인은 풀이 많이 죽어 있어요. 예쁘고 투명한 유리그릇과 값이 싼 플라스틱 그릇에 밀려 놋그릇을 찾는 사람들이 줄고 있거든요.

놋그릇은 무겁고, 가격이 비싸며, 색깔이 쉽게 변해요. 하지만 독성이 있는 음식을 담으면 그릇이 까맣게 변하므로 그 음식을 먹으면 안 된다는 걸 단박에 알 수 있어요. 게다가 식중

독균을 없애는 살균 작용도 하지요. 또한 단단해서 모양이 잘 변하지 않고, 화려한 황금색이라서 아름다워요.

아연 부인은 사람들에게 놋쇠의 여러 가지 장점을 알리는 데 힘을 쏟고 있어요. 여러분도 함께 할래요?

30호 잘 녹슬지 않는 철사

철은 산소와 만나면 녹이 스는데, 철로 만든 철사는 녹이 잘 슬지 않지요. 왜 그럴까요? 철사는 아연으로 도금돼 있기 때문이에요. 철사에 부식에 강한 아연 도금을 하면 녹슬지 않고 오래 사용할 수 있어요.

여기는 어딜까요? 반짝반짝한 대문이 무척 아름답네요. 종종 아랫마을 사람들이 와서 부러운 눈빛으로 한참 동안 대문을 만지곤 해요.

"우리 집 대문도 이렇게 예쁘면 좋겠어."

"문을 떼어 갈 수는 없을까?"

사람들은 멀쩡한 자기 집 대문을 두고 왜 남의 대문을 욕심낼까요? 아랫마을 사람들이 좋아하는 은이 47호에 살기 때문이에요.

은 가족은 옛날부터 아주 귀한 대접을 받았어요. 수천 년 전에 지어진 중국 황제의 무덤에서 각종 은으로 된 장식품과 훈장이 발견됐어요. 약 2,800년 전부터는 79호에 사는 금과 더불어 인도의 인더스강과 이집트의 나일강 사이에 있는 여러 나라의 화폐로 사용되었어요.

은은 지금도 대표적인 귀금속 중 하나로 사람들에게 인기가 많지요.

은 가족은 지구 곳곳에서 살고 있어요. 특히 세계에서 가장 큰 은 광산이 있는 멕시코에 많이 살지요. 또 미국의 네바다, 페루의 고원 지방, 오스트레일리아에도 살고 있어요.

은은 금 다음으로 무르고 잘 늘어나서 은 1그램으로 약 1.8 킬로미터 길이의 가는 선을 뽑을 수 있고, 약 0.002밀리미터 두께의 얇은 판으로 펼 수 있어요.

은 가족은 귀금속 상점을 운영해요. 은 장신구는 깨끗하고 시원한 느낌 덕분에 특히 여름철에 인기가 많아요.

하지만 은 가족은 속상할 때가 많아요. 늘 금에게 밀리거든요. 반짝반짝 예뻐 보여도 공기에 닿으면 색이 거뭇하게 변해서 금보다 못한 취급을 받아요.

은이 가장 잘하는 분야도 있어요. **은은 모든 금속 중 전기가 가장 잘 통해요.** 그래서 전류를 미세하게 조절해야 하는 전자 제품에 많이 쓰여요. 빛도 가장 잘 반사해요.

은 가족의 조상은 아주 오래전부터 의료 쪽에서 일을 해 왔어요. 은침으로 사람들을 치료하고, 은수저로 음식에 독이 들어 있는지 확인했어요.

이런 조상들의 가업을 이어받아 은 가족의 둘째 삼촌도 제약 회사에 다니며 은을 이용한 의료 용품을 개발하고 있지요. 은 솜이나 은 붕대를 만들어 상처 치료를 도와요. 은은 세균을 막는 항균 작용을 하거든요. 또 우주선 내 물 정화 시스템에 사용돼 미생물 번식을 억제해요.

옛날 사람들도 은의 항균 작용을 잘 알고 있었어요. 그래서 우물에 은 동전을 넣기도 했지요. 매우 적은 양이라도 은이 물에 녹으면 물속의 미생물과 세균을 없애 배탈이 나지 않기 때문이에요.

 **은이 사람 몸에 끼치는 부작용**

아주 작은 은 입자들이 몸속에 쌓이면 피부나 눈이 푸르스름하거나 회색으로 변하는 은피증이 발생할 수 있어요.

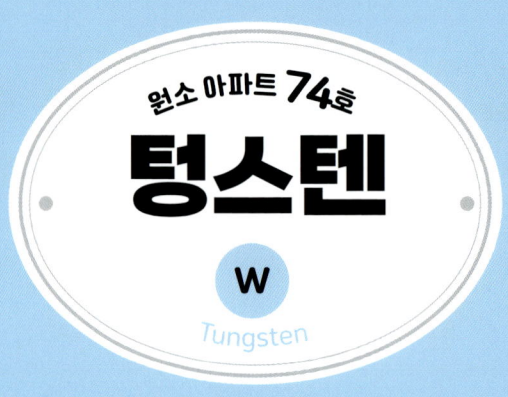

　반짝반짝 전구들이 왜 이리 많을까요? 가만, 아파트 호수도 전구로 반짝이네요. 뭐라고 써 있을까요? 아, 이제야 알겠어요. 원소 아파트 74호에는 텅스텐 가족이 살고 있군요. 74호에 들어서면 환하게 비추는 전구들 때문에 눈이 부셔요.
　텅스텐 가족은 전구를 만드는 회사를 운영해요. **백열전구나 진공관의 필라멘트를 만들어 어두운 곳을 밝게 해 주지요.** 텅스텐 가족은 전구를 얼마나 오래 사용할 수 있는지, 밝기는 적당한지 확인히기 위해서 늘 전구를 켜 두고 실험을 하지요. 최고의 전구를 만들어 내기 위해 밤낮으로 애쓰는 텅스텐 가족의 노력은 아랫마을 사람들에게도 알려져 칭찬이 자자해요.

텅스텐은 매우 단단해서 로켓이나 항공기를 만들 때도 부품으로 쓰여요. 탄소와 함께 만든 탄화 텅스텐은 아주 단단하고 강하지요. 그래서 중요한 기계 부품이나 금속을 자르는 공구를 만들 때 사용돼요.

 74호 **탄소 필라멘트를 사라지게 한 텅스텐 필라멘트**

1897년에 에디슨은 최초로 전구를 발명했어요. 에디슨은 좋은 필라멘트의 재료를 찾기 위해 수많은 실험을 거듭했고, 마침내 탄소 필라멘트를 만들었지요. 하지만 1910년에 더 오래 쓸 수 있고 강도가 뛰어난 텅스텐 필라멘트가 등장하면서 탄소 필라멘트는 점차 사라졌어요.

"자, 수사에 방해되니까 다들 저쪽으로 가세요."

경찰관 아저씨들이 원소 아파트 79호에 모여든 구경꾼들에게 말했어요. 평화로운 원소 아파트에 도둑이 들다니, 원소 아파트 주민들은 걱정이 태산이에요.

"아무래도 아랫마을 사람들이 그런 것 같네요."

"금 씨는 아랫마을 사람들이 욕심을 부릴 만한 비싼 금속입니다. 문단속을 더욱 철저히 하세요."

이 소동이 난 건 원소 아파트 79호의 집에서 금고가 몽땅 사

라졌기 때문이에요. 금 가족이 외출한 사이에 도둑이 든 거예요. 과연 경찰 아저씨 말대로 아랫마을 사람들의 짓일까요?

　원소 아파트 79호는 금 가족의 보금자리예요. 금 가족은 원소 마을의 유명한 연예인이에요. 금 가족이 나타나면 사람들은 환호성을 지르며 쫓아가요. 금속 가운데 가장 유연해서 다양한 모습으로 변할 수 있고, 그 모습이 매우 아름다워 다른 원소들과 아랫마을 사람들이 무척 좋아하지요.

금은 아주 부드러워서 금 1그램으로 약 3킬로미터 길이의 선을 뽑을 수 있고, 약 0.0001밀리미터 두께의 얇은 판을 만들 수도 있어요. **이런 성질을 이용해 금은 아주 세밀하고 정교한 장신구를 만드는 데 많이 사용돼요.**

금 가족은 멋진 장신구를 만들어 팔아요. 다른 금속 원소들과 달리 공기에 노출돼도 색깔이 변하거나 녹이 슬지 않고 아름다움을 유지하기 때문에 사람들에게 사랑받고 있지요.

은과 마찬가지로 금 가족도 귀금속 상점을 운영해요. 금은은, 팔라듐, 백금 같은 금속과 어울려 아름다운 장식품이나 장신구를 만들지요.

금 가족의 첫째 아들은 전기가 아주 잘 통하는 성질 덕분에 공업 회사에 취직했어요. 반도체를 만드는 일을 하기도 하고 태양의 강렬한 빛을 차단하는 우주복을 만들기도 해요.

둘째 아들은 치과에 취직했는데 사람들의 상한 치아를 더 이상 썩지 않게 보호하는 일을 하지요.

 호   **금을 가지려는 사람들**

금이 화폐로 사용되면서 금을 가지는 것은 곧 부자가 되는 것을 뜻했어요. 그래서 한때 아랍과 유럽에서는 값싼 금속으로 금을 만들려는 연금술이 유행했어요. 사람들은 금을 차지하기 위해 전쟁을 일으키기도 했지요.

19세기에는 금이 대량으로 발견된 곳마다 금을 찾아 모여드는 골드러시 현상이 일어났어요. 미국 서부, 오스트레일리아, 뉴질랜드, 남아프리카, 캐나다 등이 대표적이에요. 한국에서도 1930년대에 강원도 평창과 경상북도 울진에서 금광이 발견되었지요.

원소 아파트 80호

수은

Hg
Mercury

수은은 멀리 떠나라! 멀리 떠나라!

"수은은 위험하다!"

"인간들에게 해를 끼치는 수은은 멀리 떠나라!"

아이고, 이번에는 또 무슨 소란일까요? 아랫마을 사람들이 몰려와 시위를 하고 있어요.

원소 아파트 80호에는 수은 가족이 살아요.

은처럼 반짝이는 수은은 아랫마을 사람들에게 매우 유용하면서도 위험한 원소예요. 수은은 사람의 몸속에 흡수되면 배출되지 않고 쌓여요. 수은에 중독되면 신경계에 이상이 생겨서 말을 제대로 못하거나 몸을 움직이기 어려워져요. 심한 경우 온몸이 마비될 수 있어요.

예전에는 치아의 썩은 부분을 치료하거나 화장품을 만들 때 쓰이기도 했지만, 건강과 안전 문제로 더는 수은을 사용하지 않아요.

수은 가족은 건전지 회사를 세웠어요. 수은 건전지는 작고 성능이 우수해서 보청기나 소형 전자기기에 널리 쓰였어요. 하지만 요즘 수은 가족의 건전지 회사는 경영난에 허덕이고 있어요. 사람들이 수은 건전지를 예전처럼 사용하지 않기 때문이에요.

사람들은 틈만 나면 회사로 몰려와 '수은은 멀리 떠나라!'라는 팻말을 들고 외쳐 댔어요. 수은이 몸이 약한 사람이나 어린 아이들, 임산부에게 특히 해롭기 때문이에요.

　1953년에 일본의 미나마타라는 어촌에서 생선을 먹은 사람들에게 원인을 알 수 없는 병이 생겼어요. 시야가 좁아지거나 손발이 마비되고 통증, 오한, 언어 장애 등의 증상이 나타났어요. 심한 경우 목숨을 잃기도 했고 기형아가 태어났지요. 공장 폐수로 흘러나온 수은에 오염된 물고기를 사람들이 먹었기 때문이에요. 이 질병은 '미나마타병'으로 불리며 수은 중독의 위험성을 전 세계에 알리는 계기가 되었어요.

　수은 가족은 오늘도 원소 아파트 앞에 몰려든 사람들을 보며 한숨을 내쉬어요. 좋아할 때는 언제고 이제 와서 멀리 떠나라니요……. 수은 가족이 떠나면 모든 게 좋아질까요?

80호 온도계에 쓰이는 수은

수은 온도계는 오랫동안 사용되었어요. 온도가 올라가면 수은의 부피가 커져 수은 막대의 높이가 올라가는 원리를 이용해 온도를 측정했지요. 수은은 온도 변화에 민감하게 반응하고 팽창률이 일정해서 비교적 정확하게 온도를 측정할 수 있어요. 하지만 수은의 위험성이 알려지면서 요즘은 전자 센서를 이용해 온도를 측정하는 전자 온도계가 널리 사용되고 있어요.

"가만 여기가 은이 사는 곳인가? 눈이 침침해서 보이지 않네."

아랫마을에서 온 할머니가 원소 아파트 82호 앞을 서성이고 있네요. 82호에는 은을 닮은 납 가족이 사는데, 얼핏 보면 47호에 사는 은 가족과 헷갈려요.

납의 역사는 고대 로마 시대까지 거슬러 올라갈 정도로 오래되었어요. 로마인들은 납의 무거운 특성을 이용하여 무게를 재는 추를 만들고 물을 보내는 배수관을 제작했어요. 납은 같은 크기라도 다른 금속보다 훨씬 무겁거든요. 한때 사람들은 고대 로마 문명을 멸망시킨 원인 중의 하나로 납의 사용을 꼽기도 했지요.

납 가족의 아빠인 납 씨는 납땜 전문 공업사를 운영해요. 사람들은 금속끼리 붙여야 할 일이 생기면 납 씨에게 달려가지요. **납 씨의 손이 닿기만 어떤 금속이든 서로 찰싹 붙어요.**

납 씨의 아들인 납 군은 원자력 발전소에서 일해요. 사람들은 원자력 발전소에서 방사능 물질이 유출될까 봐 불안해하지만, 납 군은 아주 단단하고 무거운 납이 방사능을 잘 막고 있으니 걱정하지 말라고 자신 있게 말하지요.

 병원에서 엑스레이로 뼈 사진을 찍을 때 납으로 된 보호 장비를 입는 것도 같은 이유예요. 납이 방사선의 일종인 엑스레이를 막아 주기 때문이지요.

 납 가족은 잘 녹슬지 않고 다루기 쉬워서 오랫동안 사람들에게 사랑받았어요.

 하지만 납이 몸에 해롭다는 사실이 알려지면서 사람들은 납 가족에게 다가가기를 꺼려해요. **납이 사람에게 치명적인 피해를 줄 수 있기 때문이에요.** 납 성분이 들어 있는 페인트에 노출되거나 납이 함유된 수도관을 통해 나온 물을 오랫동안 마시면 납에 중독돼요.

  납에 중독되면 신경계, 소화 기관, 혈액에 심각한 문제가 생겨요. 우울, 소화 불량, 빈혈, 두통, 현기증 등의 증상을 일으키지요. 어린이가 납에 중독되면 더욱 위험해요. 뇌가 손상돼 지능이 저하되거나 시각이나 청각 장애가 발생하기도 해요. 심하면 발작을 하거나 혼수 상태에 이르기도 해요. 이런 납 중독은 치료하는 데 오래 걸려요.

 **호**   **납도 금?**

고대 중국에서는 황금(금), 백금(은), 흑금(철), 적금(구리), 청금(납)을 다섯 가지 색을 내는 금속, 즉 '오색금'이라고 하여 귀하게 여겼어요.

쾅!

"아무래도 내가 나서야겠군. 시끄러워서 쉴 수가 없네."

92호에 사는 우라늄 씨가 단단히 화가 났어요. 우라늄은 26호에 사는 철 가족과 비슷한 은백색의 광택이 나는 금속 원소예요.

우라늄 가족은 매우 강력한 에너지를 가지고 있어서 아랫마을 사람들이 함부로 접근하지 못해요. 지난번 수은 가족에게 몰려온 사람들이 돌아간 것도 다 우라늄 씨 덕분이에요. 아랫마을 사람들 때문에 원소 아파트가 시끄러워지면 우라늄 씨가 나서서 소란을 잠재우지요.

우라늄 씨는 원자력 발전소에서 핵 연료를 공급하는 중요한 역할을 맡고 있어요. 우라늄 씨는 핵 연료 관리에 극도로 주의를 기울여요. 자칫 잘못해서 많은 양의 방사능이 새어 나가면 지구에 어떤 생명체도 살 수 없게 되니까요.

세상의 모든 물질은 원자로 이루어져 있고, 원자 안에는 원자핵이 있어요. 원자핵이 쪼개지는 것을 '핵분열'이라고 해요. 핵분열이 일어나면 엄청난 열이 발생해요. 이 열로 물을 끓여 증기를 만들고, 그 증기로 터빈을 돌려 전기 발전기를 작동시키지요. 우라늄은 같은 양의 석탄보다 약 300만 배나 많은 에너지를 낼 수 있어요.

원소 아파트 17호에 사는 염소 가족처럼 우라늄 가족에게도 잊을 수 없는 아픈 과거가 있어요. 1940년대 초에 사람들은 우라늄의 강력한 힘을 이용해 원자 폭탄을 만들었어요.

1945년, 원자 폭탄은 일본의 히로시마와 나가사키에 떨어졌고, 약 60만 명의 사람들이 살던 도시를 한순간에 폐허로 만들었어요. 히로시마와 나가사키 주민 11만여 명이 그 자리에서 목숨을 잃었고, 수많은 사람들이 심하게 다쳤어요. 도시의 90퍼센트가 파괴되었어요.

이 끔찍한 사건 이후 우라늄 가족은 자신들의 강력한 힘으로 사람들을 어떻게 도울지 고민했어요. 오랜 연구와 노력 끝에 세계 곳곳에 우라늄을 연료로 사용하는 원자력 발전소를

지었어요. 우라늄은 전 세계 전력 생산량의 약 10퍼센트를 차지하는 중요한 에너지원이 되었지요.

하지만 여전히 원자 폭탄을 전쟁 무기로 쓰려는 사람들 때문에 우라늄 가족의 걱정은 끝이지 않아요. 게다가 2011년 3월 일본 후쿠시마 원자력 발전소에서 일어난 방사능 누출 사고로 우라늄 가족의 마음은 더욱 불편해요.

우라늄 씨는 사람들이 우라늄을 안전하게 사용해 주면 좋겠다고 말해요. 그렇지 않으면 자신들이 가진 어마어마한 힘이 지구를 망쳐 놓을 수 있다고 말이죠. 우리 모두 그 말을 꼭 명심하도록 해요.

우라늄으로 알아보는 지구의 나이

과학자들은 지구의 나이를 약 46억 년으로 추정하고 있어요. 지구의 나이는 오래된 암석에 남아 있는 우라늄과 납의 비율을 계산해서 알아내요. 암석 속의 우라늄은 시간이 지나면서 천천히 납으로 변하는데, 변하는 속도가 일정하기 때문에 우라늄이 얼마나 많이 납으로 변했는지 알면 지구의 나이를 알 수 있지요.

• 교과 연계
  2022년 개정 교과_초등 과학 3-2 1. 물체와 물질
  2022년 개정 교과_초등 과학 4-1 2. 물의 상태 변화
  2022년 개정 교과_초등 과학 4-2 3. 여러 가지 기체

재미난다! 과학 03 생활 속 화학
화학 원소 아파트

글 이영란 | 그림 우지현

펴낸날 2025년 5월 25일 초판 1쇄, 2025년 8월 25일 개정 2쇄
펴낸이 신광수 | **출판사업본부장** 강윤구 | **출판개발실장** 위귀영
아동인문파트 김희선, 설예지, 이현지 | **출판디자인팀** 최진아, 강륜아 | **디자인 진행** 아이디스퀘어
출판기획팀 정승재, 김마이, 박재영, 이아람, 전지현
출판사업팀 이용복, 민현기, 우광일, 김선영, 허성배, 이강원, 정유, 정슬기, 정재욱, 박세화, 정영묵, 김종민
출판지원파트 이형배, 이주연, 이우성, 전효정, 장현우
펴낸곳 (주)미래엔 | **등록** 1950년 11월 1일 제16-67호 | **주소** 서울특별시 서초구 신반포로 321
전화 미래엔 고객센터 1800-8890 팩스 541-8249 | **홈페이지 주소** www.mirae-n.com

ISBN 979-11-7347-616-7 74400
ISBN 979-11-6841-812-7 (세트)

ⓒ 이영란 2012

책값은 뒤표지에 있습니다. 파본은 구입처에서 교환해 드리며, 관련 법령에 따라 환불해 드립니다.
다만 제품 훼손 시 환불이 불가능합니다.

KC 마크는 이 제품이 공통안전기준에 적합하였음을 의미합니다.
사용 연령: 8세 이상